JN317346

見るだけで運がよくなる
「天使の絵本」

●

エレマリア

サンマーク
文庫

見えないけれど確かにある
「天地の蔵」

エリアリス

CONTENTS

もくじ

プロローグ……6
光の中の天使……27
雨、雪、風の中の天使……53
虹の中の天使……69
月光の中の天使……89

星のまたたき、
そして12星座の中の天使……105

エピローグ……144

書けばかなう！
「天使への手紙」……155

編集協力：江藤ちふみ、（株）ぷれす
本文デザイン：八木美枝
編集：金子尚美（サンマーク出版）

プロローグ

天使とつながったあなたへ

この本を手に取ってくださって、ありがとうございます。
この本を手に取った瞬間、天使とあなたは共鳴しました。
いま、**あなたのそばで天使が喜んでいます。**
あなたは、守られています。
あなたはこれから、**どんどん運がよくなる**でしょう。
なぜなら天使は、あなたのお手伝いをしたくて仕方がないのです。
あなたに幸せになってほしいと、心から願っているのです。

この本に掲載されている絵はすべて、**私が天使とつながり、その聖なるバイブレーションを受け取って描いたもの**です。

一つひとつの絵には、天使のあたたかな愛と神聖なパワーがたっぷり込められています。

ですから、**絵を見るだけで、あなたと天使とのつながりが強くなり、そのエネルギーを受け取ることができる**のです。

天使は、この本を通してあなたとつながれることを、とてもうれしく思っています。

これからあなたは、天使とつながってたくさんの幸せを手にしていきます。

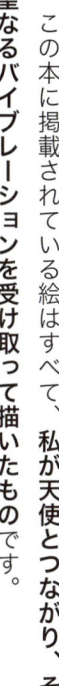

ひとつ約束をしてください

この本を手にしたあなたに、ひとつ約束していただきたい、お願いがあります。

「天使のサポートを受けて願いをかなえ、もっとキラキラ輝こう」

まず、そう意図してください。

なによりも、**あなた自身が幸せになることを意図することが大事**なのです。

あなたが決めることで、天使はあなたの毎日にうれしいシンクロニシティや幸せな出会いを、たくさん起こしてくれるでしょう。

そして、あなたがずっとあたためてきた願いをかなえてくれるでしょう。

もちろん、ときには、つらいことや悲しいことがあるかもしれません。

でも、そんなときも、天使は優しく見守ってくれています。

あなたは、天使に日々守られていることを感じながら、前を向いて歩いていけるようになるでしょう。

見るだけで、本当に運がよくなった！

前作『見るだけで運がよくなる「聖なる絵本」』を出版させていただいた際、大変多くの方々から反響がありました。メールやお手紙、ＳＮＳを通して、ご紹介しきれないくらいたくさんのご報告をいただきました。その一部をご紹介しましょう。

＊『見るだけで運がよくなる「聖なる絵本」』を、毎日持ち歩いています。**「今日のメッセージをください」と言ってページを開くと、必ずピンとくるメッセージが得られ、すばらしい気づきとギフトがきます。**とくに、気に入った絵を持ち歩くようになってから、行く先々で豊かさを感じられるような素敵な出来事が起き、出かけるのがとても楽しくなりました。（Ｆ・Ｈさん　40代）

＊一日のうちに、**何度も天使を思わせる雲を見ました。**はじめは、聖母マリアと大天使ガブリエルの受胎告知を思わせる雲を目の当たりにしました。その後、出先から帰宅するときにちょうど雷が鳴りはじめ、傘がなくて困っていたのですが、**「天使のシャワーよ」と教えてくれる声がありました。**外へ出てみると空から太陽の光が射し、「天気雨」「狐《きつね》の嫁入り」のような状態になりました。雲の間からは神々しい白い光が漏れ、「愛の力のアメノウズメ」を思わせる雲と、「自由の女神と天使たち」のトーチのような雲を見つけました。（Y・Sさん　30代）

＊**枕の下に『見るだけで運がよくなる「聖なる絵本」』を入れると寝つきがよく、グッスリ眠れます。**怖《こわ》い夢を見て目が覚めたときは、胸の上に本を載せると安心して眠れます。また、夫のイビキがひどくて眠れないとき、こっそり枕の下に本を滑り込

ませたら、瞬時にピタッとイビキが止まりました。本当に不思議です。その後も、夫のイビキがうるさいときは同じようにしています。（A・Tさん　40代）

＊巻末の**「書けばかなう私の願い事ノート」に新月の日に、願い事を書くと、ほとんどかなってしまいます**。友人や知人にも広めていますが、みんな「すごい！」とその効果に驚いて、3冊目を購入した友人もいます。なんといっても、たくさんの聖なる存在たちがサポートしてくださっているので、完璧です！（F・Hさん　40代）

「どうして、絵を見るだけでそんなに素敵なことが起こるのだろう」「きっとこんなにラッキーなことは、特別な人だけにしか起こらないに決まっている」と、思われるかもしれませんね。

でも、ご紹介した例はほんのひと握り。これまで、数多くの方々にすばらしいミラクルが起きています。

なぜ、天使の絵を見るだけで、奇跡的な出来事や幸運なことが起きるのでしょう。

それは、**絵を見ることで、あなたのエネルギーが天使のエネルギーと同調し、ポジティブなものに変わる**からです。

そうすると、あなたの現実が変わりはじめます。天使からの導きをたくさん得られるようになります。

執着やエゴからくる願いではなく、あなたのハートから生まれた、愛からくる願いであれば、必ずかなえられるのです。

「天使と両思い」になる方法

天使の絵を描きはじめて、私はそれまでよりずっと強く、天使とのつながりを感じるようになりました。

そして、いつも天使がそばにいて、助けてくれていることを実感するようになりました。

ありえないタイミングで出会うべき人と出会ったり、幸運が重なって行きたいと願っていた場所に旅行できたり、大きなチャレンジが与えられたり、念願のパリでの個展がかなったり……。

インターネットや個展を通して多くの方に私の絵を知っていただいたことも、こうやって出版の夢がかなったことも天使のサポートのおかげです。

いつも私は、天使の存在を身近に感じ、感謝を送っています。**感謝を送れば送るほど、天使からのサポートがやってきます。まさに「両思い」の関係です。**

天使と両思いになるのは、特別なことではありません。

あなたにも、ぜひこの瞬間から**天使と両思いになってほしい**と思います。あなたが天使を大好きになれば、天使もあなたを大好きになります。

私はいままでは、シンクロニシティや不思議な巡り合わせが、ごく当たり前のこととして感じられるようになってきました。

そして、たとえ思うようにいかなかった日も、心や体の調子がいまひとつだった日も、**いつかうまくいく日のための、幸せで特別な一日。**そんなふうに思えるようになりました。

天使の存在に、本当に感謝でいっぱいです。

100%純粋な愛のバイブレーション

ここで、天使という存在についてお話ししましょう。

天使とは、人の姿をしている存在だと、あなたは思っているかもしれません。

しかし、**天使は光であり、聖なるエネルギーです。**天界とつながって神様のメッセージを届け、天のエネルギーを地上に降ろしてくれる存在です。

天使たちの世界は、エゴがまったく存在しない、神聖で無垢《むく》なバイブレーションに満ちています。それは、**気高さにあふれた100%純粋な愛のバイブレーション**です。

そんな天使のエネルギーは人の形で見えることもありますが、色や光などを通して感じられることも多くあります。

あるいは、人との出会いや偶然に見える出来事を通して、その存在を示してくれることもあります。

生まれてから死ぬまで、天使はかたときも離れることはありません。**ずっと、あなたのそばにいてくれます。**

どんなことも判断したり否定したりせず、あなたが幸せでいられるように常に助けてくれます。

たとえば、一見ネガティブに見える出来事が起こったとします。

そんなときも、その出来事があなたを成長させ、よりよい未来へとつながっていくと信じて進んでいけるように、働きかけてくれるのです。

いつもあなたのそばにいます

天使は、自分たちの存在に気づいてもらいたいと、いつも願っています。

天使はさまざまな形で、私たちに話しかけているのです。

ふと**直感**や**ひらめき**が湧いてきたり、**考えていたことが現実化**したりすることはありませんか？

デジタル時計の表示や車のナンバープレートが、「11」「222」

「44」などの**ゾロ目に並んでいること**はありませんか？

または、つらくて仕方のないときに、**心がフッと楽になったり、笑顔になれたりする出来事**に出会ったことはありませんか？

そんなとき、天使が必ずあなたの近くでサポートを送ってくれています。

あなたも、身の回りの出来事に心を開いてみてください。

そこにきっと、天使の存在を感じることができるはずです。

天空からの幸せのメッセージ

とくに、自然の現象は、天使のエネルギーをわかりやすく感じさせてくれます。

ふと見上げた空に浮かぶ雲が、まるで天使の羽や飛んでいる姿のように見えることはありませんか？

優しい風がほほをなでて、ハッとすることはありませんか？

美しい夕焼けに、心を打たれることはありませんか？

あるいは、雨上がりの空に、七色の虹《にじ》がかかっているのを見たことはありませんか？

どれもすべて、**天使が自然の現象を通して、あなたにメッセージを送っている**のです。

とくに、**太陽や月の光、雲、風、星、虹など、天空の存在や現象は、天使のバイブレーションをいつも身近で伝えています。**

つぎの絵は、2014年10月、ふと見上げた空に浮かんでいた羊雲に、天使のエネルギーが宿っているのを感じて描きました。

秋空に浮かぶ羊雲はフワフワと気持ちよさそうで、天使や羊たちがふんわり浮かんでいるように見えました。

真っ青な空と真っ白な雲が、やわらかく優しいコントラストを見せ、私たちに**「もっとゆるやかに、自由に、自分の純粋さを大切に**

SHEEP & ANGEL

幸せのひつじたち
天使たちの雲

して生きていいんだよ」と教えてくれているようでした。

いつまでも見上げていたくなるような心地よさと安らぎを感じて、私はそのままのバイブレーションを絵に込めました。

このように、天使は天空からいつも私たちを癒し、力づけるメッセージを送ってくれています。

この本に収められている絵には、**天空の現象から私が受け取った天使のエネルギーが、そのまま込められています。**

絵を見ていると、天使が送ってくれた愛と、人生を幸せへと導くエネルギーを受け取れることでしょう。

絵の中には、聖母マリアや女神、くじら、ユニコーンなどの聖なる存在も描かれています。

どの存在たちも天使とつながって、私たちを導き、助けてくれる存在です。

それぞれのパワーで、あなたの毎日を支えてくれるでしょう。

ありえないミラクルを起こす「この本の使い方」

この本の使い方や絵の見方に決まりはありません。

あなたの心のおもむくままにページを開いて、天使たちとつながってください。

心を開いて、「好きだな」「この絵のパワーがほしいな」と感じる絵を見つめてみましょう。絵から放たれるパワフルな天使のエネルギーは、あなたのハートに届き、オーラを元気にして、毎日をいきいきとしたものに変えてくれます。

ご参考までに、いくつかの使い方をご紹介しましょう。

★お守りのように、いつもバッグに入れて持ち歩いてください。
折に触れページを開いて、天使の存在を感じましょう。もしあなたのエネルギーがネガティブになっていたら、ハッピーでポジティブなものに戻してくれます。

★試験や面接、プレゼンや会議等の前に開いて、好きな絵を見てください。心が落ち着き、緊張したり不安になったりすることなく、あなたらしさを表現できます。デートの前に見るのもおすすめです。

★朝起きたときに好きな絵を見つめると、一日の波動を整えてくれます。また、夜寝る前にも同じように見ることで、その日の疲れをリセットし、明日へのパワーを与えてくれます。

★天使からのメッセージがほしいとき、目を閉じて「ここだ」と思うページを開いてください。そこに、あなたにぴったりな天使からのメッセージがあります。

★瞑想《めいそう》の前に好きな絵をしばらく見て、天使のエネルギーを感じてください。深く呼吸しながら、なるべくまばたきをしないようにして10秒前後見つめます。その後、いつも通りに瞑想してください。瞑想中に絵のイメージが浮かんできた場合は、心ゆくまでそのバイブレーションを感じましょう。

これらはほんの一例です。

感性にしたがって自由に絵と向き合い、天使たちのエネルギーを受け取っていただけたらうれしいです。

天使のお仕事は、私たちを助けることです。

そんな自分の存在に気づいてほしくて仕方がないのです。この本を通して天使とつながりはじめたら、あなたが願いをかなえることを手伝わないわけがありません。

どうぞ、思う存分天使とつながって、**ありえないと思えるようなミラクルを日常の中でたくさん起こしてください。**

たとえ常識では考えられないことでも、それがたくさん起きるようになったら、「普通」のことになります。

天使の助けを受けて、奇跡が普通になる毎日をどうぞ楽しんでください！

エレマリア

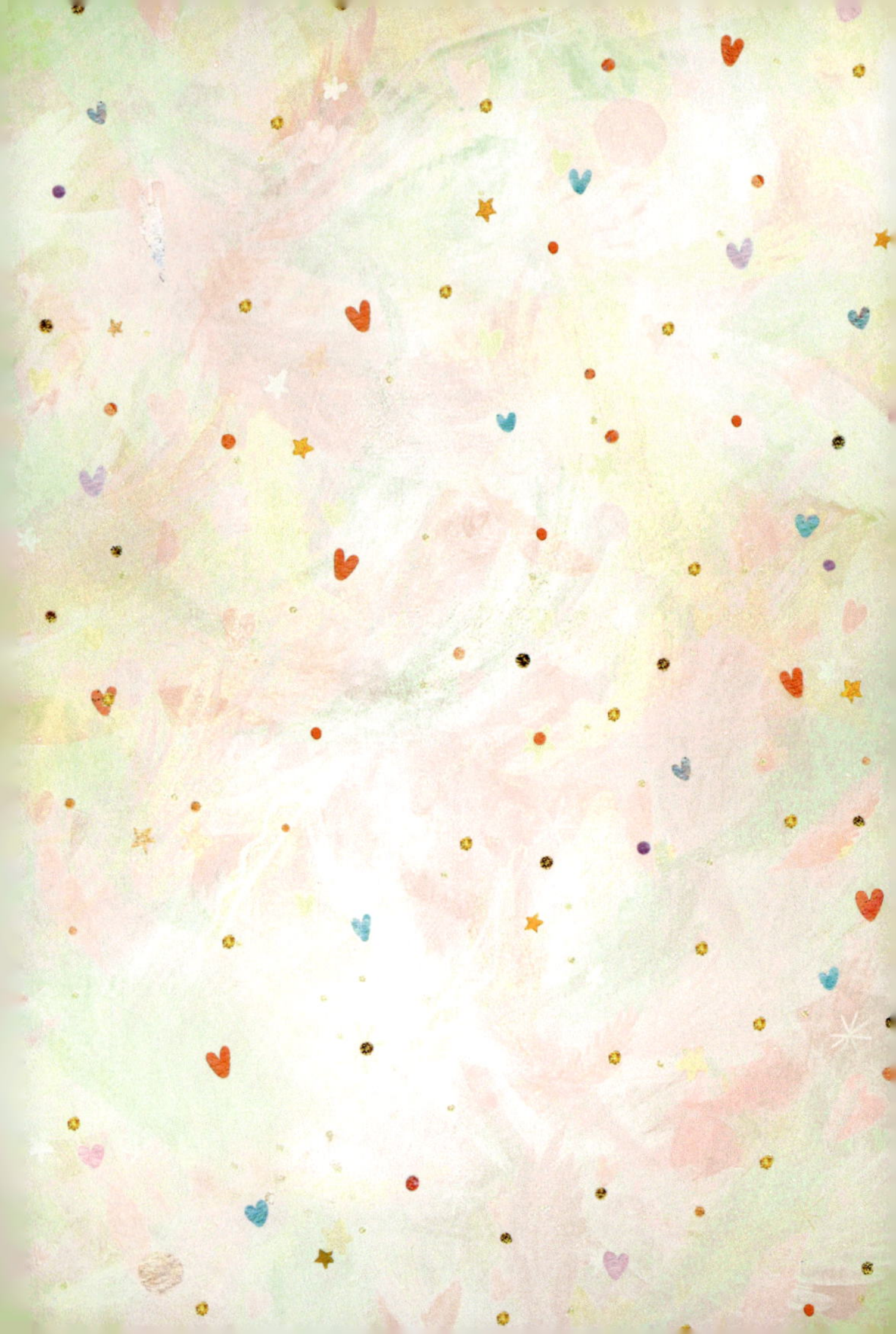

SUNLIGHT

光の中の天使

天使は「光」を通してパワーをくれる

光はすべての始まりであり、源です。

太陽の光は、カラフルなこの地球を明るく照らし、**私たちに生きるパワーを届けてくれます。**

旧約聖書では、天地創造の際に神様がこの世界を創るためにまず発した言葉が、「光あれ」だったと記されています。

もし、この世界に光がなかったとしたら、どうでしょう。

私たちは、地球という美しい星にある山も川も海も、花も木も動物も見ることができません。愛する人たちのいとおしい姿を見ることもできません。

光があるからこそ、この星の上で、笑い、楽しみ、喜びながら生きることができるのです。感じてみてください。

SUNLIGHT

明けゆく空に昇る朝日の神々しさを。

燦然《さんぜん》と地上を照らす真昼の太陽の力強さを。

刻々と変化しながら暮れていく夕焼けの明るさを。

暗闇を照らすキャンドルの明かり、寒い夜を暖める暖炉の炎、夜の海を行く船を導く灯台の灯……。

私たちは、さまざまな光に囲まれ、導かれています。

光に照らされるとき、そこにひと筋の希望を見ます。

たとえ闇があったとしても、**光が当たることでその闇は消え、まぶしく輝く世界へと変わっていくのです。**

光はいのちを活性化し、元気づけてくれます。

すべてのいのちは、光によって育まれています。

そして天使は、光そのもの。そして私たち自身も光そのものです。

心が疲れたとき、前に進む力がほしいとき、光のパワーをもらいましょう。あなたの中にある光を思い出しましょう。

SUNLIGHT

太陽の愛と光のアマテラス

光り輝く太陽の恵みを、惜しみなく与えてくれる光の女神アマテラス。すべての根源であるアマテラスは、私たちが本来もっているパワーと愛を思い出させてくれます。

あなたの中には、アマテラスのようにパワフルな輝きがあります。それは、永遠に消えることのない輝きです。いま思う存分輝いて、思いきり外の世界を照らしましょう。あなたらしい愛を表現して、周囲に優しさを広げましょう。

眠っていた愛が目覚め、力強く息を吹き返します。アマテラスの祝福を受けながら、希望をもって進んでいきましょう。

えれまりあ

SUNLIGHT

天のはしごの天使たち

がんばってきたあなたに、「さあ、つぎのステージに昇るときですよ」と天界からごほうびが届きます。

雲のすき間から地上に射し込むひと筋の美しい光。それが「天のはしご」です。うれしい出会いやラッキーな出来事が、これからたくさん起きるでしょう。

天使たちも、優しい笑顔であなたを祝福しています。愛でいっぱいの天使に招かれて、望む場所へとステップアップしていきましょう。たくさんの天使たちがあなたの成長をサポートしてくれるでしょう。

LaLaMariko

SUNLIGHT

光のゲート

いま光のゲートが開きました。門を開き、新しい世界へ飛び立つときです。

このまま運の流れに乗って進んでいくと、天使たちがつぎつぎにゲートを開けてくれます。扉の向こうの光に向かって、愛をいっぱいたずさえて、翼を広げていきましょう。あなたが選んだ過去も、これから選ぶ未来も、すべてが貴重な宝物です。なにひとつ無駄なことはありません。

勇気をもって羽ばたいてください。ゲートをくぐるたびに、あなたの翼は大きく、力強くなります。たくさんの存在があなたを守護し、応援しています。祝福の鐘とともに、光のゲートをくぐっていきましょう。

SUNLIGHT

光のくじら

天使とともにいる光のくじらの大きなパワーが、広い視野をもって世界を見られるよう導いてくれます。あなたの意識を変化させ、高次元へといざなってくれるでしょう。

SUNLIGHT

Spiritual Gift

宇宙から聖なるエネルギーが降り注ぎ、魂が成長するためのギフトがやってきます。

　あなたのスピリチュアルなパワーが目覚めます。天使たちとつながり羽ばたくための羽を、どうぞ受け取ってください。愛いっぱいのサポートを受けて、羽ばたくときです。

あなたの夢はかないます。あなたの願いは現実のものとなります。

愛と光の祝福が、シャワーのように降り注いでいます。天使が伝えています。「いままでよくがんばったね。おめでとう！」と。これまで体験したことのすべてが、祝福の贈り物となっていまあなたに届きます。

SUNLIGHT

愛と光の羽の祝福

SUNLIGHT

愛と光の、のびのび天使ちゃん家族

自然はいつでも大きな癒しのパワーを与えてくれます。緑の中で光を浴びて、天使たちのキラキラと輝くパワーを受け取ってください。すくすくと伸びていく若芽のように、伸びゆくパワーを感じてください。

みずみずしい緑の中で、天使があなたにほほえんでいます。

「無理しなくていいんだよ。大丈夫、あなたは少しずつ成長しているから！　自由にのびのびと進んでいけばいいから！」

あなたがあなたらしく生きていけるように、天使たちはいつでも見守っています。子どものころの無邪気さを思い出して、喜びにあふれた今日を生きていきましょう。

LaLa*Mariko

SUNLIGHT

光の天使たち

自分の枠を外して、自由に生きてみましょう。地に足をつけ、一歩を踏み出しましょう。安心してくださいね。光の天使がいつも一緒ですから。

SUNLIGHT

扉を開く天使

いま扉を開くときがきました。愛に満ちた天使が、光り輝く世界へとあなたを招いています。本来のあなたに戻って、新しい人生をスタートさせるときです。

SUNLIGHT

愛の力のアメノウズメ

芸能の女神アメノウズメの無限の力が、あなたのハートを優しく開き、クリエイティブな才能を引き出してくれます。

あなたの中にあふれる愛とパワーを、思いきり表現していきましょう。軽やかに歌い、踊り、喜びましょう。ワクワクする思いを、魂の輝きを、体いっぱい心いっぱい表現していきましょう。

太陽や月、富士山のパワー、龍や女神の存在、そして天使たち……。パワフルな光の存在たちは、呼べばいつでもきてくれます。あなたはたくさんの存在に守られています。たくさんのサポートを受けながら、自分の信じる道をマイペースで、エネルギッシュに進んでいってください。

SUNLIGHT

あなたを守護する
パワフルワールド

SUNLIGHT

あなたのマリア様

太陽と月と虹《にじ》、三位一体の光のエネルギーが、魂のバランスを回復させてくれます。ときには静かに深呼吸して、自分と向き合い、祈りの時間を過ごしましょう。祈りは愛の波動のキャッチボール。

SUNLIGHT

幸運へと導く愛と豊かさのくしなだ姫

黄金色にきらめく豊かなエネルギーが、あなたに降り注いでいます。くしなだ姫は愛と豊かさをもたらす女神。困難を乗り越え、実りを手にする力を与えてくれます。

豊かさと愛の光輝くシャワーが、あなたに注がれるのをイメージしてください。あなたの輝きは、くしなだ姫と同じゴールドの輝き。愛と豊かさの輝きです。あなたが決めさえすれば、いつでも天からの恵みを受け取ることができます。運命は、あなたの選択によって決まるのです。人生をよい方向へ向かわせたいと願えば、必ずその導きが得られるでしょう。

RAIN, SNOW, WIND

雨、雪、風の中の天使

天使は「雨」「雪」「風」を通して浄化とうるおいを与えてくれる

日々変化する空模様を、あなたは楽しんでいますか？

雨の日や寒い日は、ちょっと憂鬱なときもあるかもしれません。

でも、**どんな天候であっても、それは天使からの贈り物。**その日のあなたに必要なメッセージが届いています。

天使の声に耳を傾けてみましょう。

外出がおっくうだなと思っても、雨が降ったら傘を差して、寒い日はあたたかくして出かければいいのです。

そうすると、緑の葉にしたたる水滴の美しさや、ほほをなでる寒風の気持ちよさに、気づくことができるでしょう。

また、雨や雪の日に部屋で静かに過ごす時間は、心安らぐひとときになります。忙しい日常から離れて、ホッとひと息つける貴重な

Rain, Snow, Wind

時間は、あなたの日常にうるおいをもたらします。

雨や雪、風は、浄化の力をもっています。

水の力でいらないものを洗い流し、**大地に恵みを与えてくれる雨。**

なにもかも覆い尽くし、まっさらな純白の世界に塗り替えてくれる雪。

古いエネルギーを吹き飛ばし、**フレッシュなパワーを運んできてくれる風。**

天のもたらす気候の変化は、時に人間にとって過酷な試練を与えることもあります。でも、だからこそ私たちは自然の偉大さに気づき、謙虚になることができるのです。

どんなときも大丈夫。今日という日を楽しみましょう。

天使がいつも、あなたに愛と祝福を送ってくれています。

RAIN,SNOW,WIND

blue moon rain angel

雨はいらないものを浄化してくれるエネルギーをもっています。涙も同じ。泣きたいときは、思いきり泣きましょう。悲しみを洗い流してくれます。泣きたいだけ泣いたら、つらい気持ちを手放せます。そんなあなたを、天使が優しく見守ってくれるでしょう。

RAIN,SNOW,WIND

瀬織津姫と光の龍

瀬《せ》織《おり》津《つ》姫は、川や滝を守護する浄化の女神。気づかないうちにたまってしまった不要なエネルギーを、すべて洗い流してくれます。また、太陽の女神アマテラス（30ページ）と一対になっている存在だともいわれています。

水はあなたをリフレッシュさせ、一新させてくれます。瀬織津姫と、神々しく輝く光の龍とともに、ネガティブなものを払い清めて美しいエネルギーに変えていきましょう。もう必要のなくなった古い感情や痛みを手放し、すがすがしい気持ちで新たなる一歩を踏み出していきましょう。

RAIN,SNOW,WIND

愛いっぱいの
春色天使さん♪

これからうれしいことやいいことが、つぎつぎに起こりはじめます。あたたかな祝福の風を受けて、素敵な季節の始まりです。新しい物語のスタートです。

ワクワクする夢を胸いっぱい抱えた天使が、春風に乗ってやってきました。ピンクのハートはあなたへのギフト。愛と希望がたくさんつまっています。

重いコートを脱いで、冒険の旅に出ましょう。過去の自分に別れを告げて、新しい笑顔を咲かせましょう。春色天使がニコニコほほえみながら、あなたを手招きしています。春風に乗って、旅立ちましょう。

Eve Marta

RAIN,SNOW,WIND

カラフルなクリスマス・緑

私たちは楽しむために地球にやってきました。人生は遊びです。もっと楽しんでいいんだよ。天使がそう教えています。

　雪が積もった銀世界はあなたのキャンバス。純粋な子どものころの無邪気さを思い出して、自由に楽しくあなたの夢を表現しましょう。クリエイティブに遊びましょう。

RAIN,SNOW,WIND

ハートを届ける天使

祝福の鐘の音とともに、天使があなたへの贈り物を持って舞い降りました。ありのままのあなたの愛を、ギフトとして贈りましょう。そのままのあなたで生きることも、周囲への大きな贈り物になります。誰かに贈ったギフトはいつか巡り巡って、あなたのもとに返ってくるでしょう。

RAIN,SNOW,WIND

天使のミラクルギフト

天使が運んできたミラクルを、どうぞ感謝とともに受け取ってください。純白の美しい雪が舞い散り、天からの愛がゴールドのリボンで飾られています。

奇跡は、信じる心が起こします。天使のサポートを信じて毎日を楽しむと、素敵な出会いやシンクロニシティがプレゼントされますよ。

ファンタスティックな天使界から、あなたを癒す美しい輝きがもたらされました。新しい生命力や創造性が目覚め、育まれていくでしょう。心洗われるような雪景色の中、天使があなたにピュアなエネルギーをもたらし、優しく浄化してくれます。

RAIN,SNOW,WIND

Snow Angel

RAIN,SNOW,WIND

白銀のクリスマス

つらかったこと、苦しかったこと……。雪の魔法がすべてを覆い尽くし、浄化してくれます。天使は、努力してきたあなたを知っています。白銀世界で、すばらしいギフトがいまあなたに届きます。

RAINBOW

虹の中の天使

天使は、「虹」を通して祝福を与えてくれる

虹《にじ》は、天と私たちをつなぐ架け橋。幸運の象徴です。

雨上がりの青い空に虹がかかると、誰もが笑顔になり、うっとりと空を見上げます。

どんな人の心も華やいで、幸せな気分になれます。

それは、虹が天使の祝福を届けてくれているから。

「よくがんばったね。おめでとう!」と、**天使がごほうびに虹を見せてくれている**のです。

虹を見ることができた幸福をたっぷり感じたら、虹のアーチに乗せて、天使に感謝を送りましょう。

あなたが送った感謝は天使に届き、**虹が消えたあとも心に七色の光が輝きつづける**でしょう。

RAINBOW

ホースで水を撒《ま》くときや噴水の周りにも、小さな虹が生まれます。

そんなかわいらしい虹に出会ったときは、**どんなところにも光があり、天使の祝福がある**のだと思い出してください。

ただ、天に虹が生まれる前には、必ず雨が必要です。

雨が降るからこそ、美しい虹ができる。

もし、苦しいことやつらいことがあったときは、このことを思い出しましょう。

望まない出来事や流れがあったとしても、それはいつか終わっていきます。

未来を自分の望む方向へ変えていくために**努力したあなたを、天使は必ず祝福してくれます。**

そして、虹色に輝く毎日へと変わっていけるよう導いてくれます。

RAINBOW

虹の女神と天使たち

天からあなたへの虹の架け橋がかかりました。あなたの女性性が花開くときです。素敵な出会いが訪れるかもしれません。

虹の女神イリスが、愛と平和のパワーをあなたに放射しています。かわいらしい天使たちが、こぼれ落ちた虹色のハートのしずくを拾い集めて届けてくれます。

キラキラと輝く虹の女神の祝福を受け取り、あなたの愛をどんどん広げていきましょう。あなたが意図すれば、願いは必ずかないます。思いは必ず届きます。自信をもって、あなたの思いを表現していきましょう。

RAINBOW

虹のマリアと天使たち

天へと昇る聖母マリアを導く天使たちが、7つのチャクラを浄化して、あなたのオーラをきれいにしてくれます。

マリアと天使が与えてくれる、たくさんの愛と祝福に包まれましょう。エネルギーのバランスが整い、毎日が望む方向に動きはじめるでしょう。

あなたが愛から祈るとき、その祈りは必ず届きます。心を込めて祈ったあとは、聖なる存在にゆだねましょう。祈りの力は純粋です。インスピレーションやひらめきは、祈りがもたらす天使からのメッセージ。ひとりでは到底できないと思ったことも心を込めて祈れば天に届き、奇跡が起きるのです。

RAINBOW

祈りのマリアと天使たち

RAINBOW

虹の風の天使

ワクワクする気持ちを行動に移しましょう。希望の星を手にした天使が、虹の指し示す幸せな未来へ向かって自由に旅しています。素直な心にしたがえばうれしい出来事が引き寄せられてくるでしょう。

RAINBOW

虹とハートの二人

愛と祝福に包まれて寄り添う天使のように、安心して大切な人とのパートナーシップを育みましょう。新しいパートナーとの出会いも、天使がサポートしてくれるでしょう。

RAINBOW

Angelic Partnership
シャスタの精霊たち

素敵な出会いを引き寄せ、新たなパートナーシップを築くエネルギーを感じてください。

聖なるシャスタ山の精霊シャスタとシャスティーナは、あなたの中の男性性と女性性のバランスをとり、パートナーシップをサポートしてくれます。浄化をもたらすシャスタ山の精霊のエネルギーは、さまざまな存在とのパートナーシップがうまくいくよう働きかけてくれるのです。

さらに、男性性と女性性が統合されると、魂が本来の輝きを取り戻します。すると、すべてのことがスムーズに進むようになるでしょう。

RAINBOW

虹のひかりの赤ちゃん

赤ちゃん天使は楽しむために、喜ぶために、この世界に降り立ちました。さあ、心躍るすばらしい冒険の始まりです！

きらめく星とあたたかい愛を手にして、虹の滑り台に乗ってやってきた赤ちゃん天使を、イルカや天使たちがたくさんの祝福とともに迎えています。

物事はいつもベストなタイミングでやってきます。願ったことは、最高のタイミングでかないます。ユリの花を手にした大天使ガブリエルが、聖母マリアに新たないのちが宿ったことを告げています。虹が愛いっぱいの祝福を贈ってくれるでしょう。あなたに訪れる運命を、喜びとともに受け入れましょう。

RAINBOW

愛のマリアと
虹と星の天使たち

RAINBOW

大天使のハグ

天使はいつも愛する人とのパートナーシップを応援しています。天使たちのエールをキャッチすれば、毎日はもっとハッピーになります。

RAINBOW

自由の女神と天使たち

自分をしばりつけていた枠から飛び出し、心のままに羽ばたき、愛でつながっていきましょう。さまざまな天使たちが見守り、あなたの願いをかなえてくれます。

地球の上に立つ自由の女神は、なにものにもとらわれず、自立して愛とともに生きていくあなた自身の姿です。オーラは華やかなゴールドに彩られ、右手にかかげるトーチの炎から、虹色に輝く祝福の光線が放たれています。

心配や怖《おそ》れを手放し、あなたが高々と希望のトーチをかかげれば、天は想像以上のものを返してくれるでしょう。

Liberty
Forever

Moonlight

月光の中の天使

天使は、「月」の神秘のパワーを通して魂を成長させてくれる

夜空に輝く月は、神秘と癒しの光でこの地球を照らしてくれます。漆黒の空に浮かぶ月を見上げると、誰もがホッと落ち着くのではないでしょうか。そして、私たちの地球が、広大な宇宙の中にあることを思い出します。

明るくパワフルな太陽と違い、月の光は穏やかで、少しミステリアスです。

私たちは長い間、月の運行にしたがった暦を使い、月の光を身近に感じながら、暮らしをいとなんできました。月は、地球のもっとも近くにあり、この星の周囲をまわりつづけ、影響を与えてきたのです。

とくに**私たちの心と体は、古来、月に大きな影響を受けてきまし**

た。女性の生理周期は、月の満ち欠けの周期と重なり、出産は満月の夜が多いといわれています。

また月光は、昼間ざわついていた心を静かにしてくれます。**月の優しい光には、心の傷や疲れを洗い流し、浄化してくれる力がある**のです。

そんな月のパワーに思いをはせて夜空を見上げるとき、天使があなたをそっと抱き、深い癒しが心に訪れるでしょう。

豊かさを与えてくれる満月は、やがて形を変えて三日月となり、願いをかなえるといわれる新月へと変化していきます。

表情豊かな月は、**私たちの魂を成長させ、感性を研ぎ澄ませてくれる**でしょう。

夜空を見上げて、月が与えてくれる恩恵を心ゆくまで受け取ってください。

MOONLIGHT

宇宙を旅する天使たち

遠い銀河をいくつも越えて旅してきた天使たちが、あなたのために宇宙に存在する贈り物を集め、はるばる運んできました。手にしている色とりどりのプレゼントを、いまどうぞ受け取ってください。

ミラクルパワーをもつ三日月の光があなたを優しく照らすとき、地上に奇跡が起こります。心細く感じる夜には天を仰ぎましょう。たとえ雲にさえぎられて見えなくても、その上にはギフトを手にした天使が舞っています。そして、あなたが望みさえすれば、いつでも手元に運んできてくれるのです。

LaLa Mariko

MOONLIGHT

ラッキーエンジェル

幻想的な光あふれる満月のエネルギーは、パワーと幸運を与えてくれます。水面に円を描き、気持ちよさそうに泳ぐお魚のように、あなたが受け取った幸せをどんどん循環させていきましょう。

MOONLIGHT

金の猫と天使

猫は、とてもスピリチュアルな存在です。しっぽをピンと立てた金色猫が空を見上げ、天使たちと交信しています。空には、とんがり三日月と猫の大好きなお魚の雲。どんなメッセージを受け取っているのでしょう。

天使はいつでもあなたに語りかけています。あなたも猫のようにアンテナを立てて、聖なる存在とつながってみましょう。スピリチュアルな感性が磨かれます。

ハートを開いて天を仰ぐと、宇宙からの情報をキャッチできるでしょう。あふれる天使の愛と豊かさを受け取ってください。

LaLa Mariko

MOONLIGHT

光のハート天使

夜空に浮かぶまん丸お月様は、天使が届ける神秘の光。月夜に咲く月下美人の花のように優しく、あなたを癒してくれます。

MOONLIGHT

ムーンボウの天使

月光に照らし出され、夜空に浮かぶ幻の虹《にじ》ムーンボウ。
もしこの虹を見ることができたら、天使からのごほうび。
あなたにすばらしい奇跡がやってくるサインです。

MOONLIGHT

三日月と星たち

あなたはいつでも宇宙とつながれます。月、星、太陽、そして天使……すべてのものとつながれます。この絵は、宇宙とつながる場所、ペルーのバイブレーションを感じて描きました。常識の枠を軽やかに越えて、自由に楽しくこの地球で遊びましょう。

あなたに、大自然の恵みを受け取り、たくさんの精霊とつながり合っていた時代の生命のリズムを思い出させてくれます。この絵にひかれる人は、大地に根ざして動物や植物たちとともに生きていたころの、魂の記憶が甦《よみがえ》るかもしれません。

MOONLIGHT

ネイティブ天使

STARLIGHT
&
12 CONSTELLATIONS

星のまたたき、
そして 12 星座の中の
天使

天使は、「星」の輝きを通して、希望を与えてくれる

夜空にちりばめられた無数の星々は、その一つひとつが、私たちの魂の輝きです。

星たちがそれぞれの色に輝くように、私たちも、個性豊かにきらめきましょう。自分らしい個性をキラキラ輝かせている人を、「スター」と呼ぶのです。

「希望の星」という言葉があるように、星は希望を表します。

私たちが希望をもって明日を迎えられるように、天使が夜空に、たくさんの星々を見せてくれています。現実の生活でも、昔から人々は星の位置を頼りに航海を進め、旅をしてきました。

星の光は、何億光年もの時を超え、いくつもの銀河を超えて、宇宙の彼方《かなた》からはるばる届きます。

古代の人たちは、満天の星々に、さまざまな人や神、動物、物などの形を見出《みいだ》しました。そして、それらを元に彩り豊かな物語を紡ぎ出しました。

それがいま、星座や神話という形になって、私たちに伝えられています。私たちは星の配置を読み解いて、自分たちの運命を占ってきました。

明るい昼間には、星は見えません。それでも、広大な宇宙では果てしない数の星々がきらめいています。

どんなときも、地球に住む私たちとともにあり、お互いに輝き合っています。

心が疲れたとき、夢が遠くにあるとき、星空を見上げましょう。

星に願いをかければ、天使がきっと届けてくれるでしょう。

STARLIGHT

輝く星のユニコーン

本当のあなたを閉じ込めていた小さな殻を破り、黄金色に輝く星の世界に向かって飛び立つときです。いくつもの虹の光を越えて、魂の目的へ向かって、軽やかに飛翔《ひしょう》していきましょう。

STARLIGHT

虹のミラクルシューティング スターエンジェル

虹の彼方を駆け抜ける流れ星に向かって、さあ出発です！

猫の天使からもらったゴールドのハートを抱いて、希望とともに新しい世界へ飛び立ちましょう。

12 CONSTELLATIONS

おひつじ座の天使

3月21日〜4月19日生まれ

おひつじ座は、自分の情熱にしたがって毎日をエネルギッシュに過ごし、目的をかなえていくパワーを与えてくれます。

　あこがれの自分になりたいときや夢をかなえたいとき、自分の心を自分で元気づけ、周囲を巻き込んで行動していく力をもたらしてくれる星座です。

　夢に向かって進んでいく中では、時にゆっくり休むことも大切です。フワフワの羊に身をゆだねるように、心のままにのんびりと時間を過ごしてみましょう。エネルギーがチャージされ、また新たに進みはじめる活力が湧いてくるでしょう。

12 CONSTELLATIONS

おうし座の天使

4月20日〜5月20日生まれ

堅実に努力しつづける力強さをもつおうし座は、大地のような安定感と落ち着きがあり、とても頼もしく、また頼りがいのある存在です。

どんなときも地に足をつけ、地道につづける力をもたらし、一歩ずつ前進していけるようガイドしてくれます。

夢をかなえるためには、物事にコツコツ取り組み、自分の能力をあますところなく発揮することが大きなポイントです。おうし座は、忍耐力と、そしてすばらしい直感力を与え、目標に向かうあなたを応援してくれるでしょう。

12 CONSTELLATIONS

ふたご座の天使

5月21日～6月21日生まれ

ふたご座は、いつもいきいきと好奇心いっぱいの毎日を楽しみ、たくさんの才能を発揮できるよう働きかけてくれます。

私たちの可能性は無限です。いつでもたくさんの可能性を生き、同時にふたつ以上のことをラクラクとこなす器用さももっています。

あなたが、ひとつのことにとらわれそうになったとき、焦ってなにも手につかなくなったとき、ふたご座の天使たちが楽しく生きることを思い出させ、軽やかに多くのことをこなしていける力を与えてくれるでしょう。

STARLIGHT

Milky Way の天使たち

ミルキーウェイで、年に一度の逢瀬《おうせ》を楽しむ彦星《ひこぼし》と織姫のように、愛する人と出会えることの喜びを感じてください。

12 CONSTELLATIONS

かに座の天使

6月22日～7月22日生まれ

とても穏やかで、お月様のように繊細な思いやりにあふれるかに座は、私たちに豊かな感受性と創造力を授けてくれます。また、神秘的な力であなたの気持ちをキャッチし、深い優しさで包んでくれます。

あなたのアイデアを現実のものとしたいとき、直感やひらめきを形にしたいとき、粘り強く物事に取り組む力を与えてくれる、かに座の天使にお願いしましょう。かに座がプレゼントしてくれる直感やひらめきを大切にして、変化を楽しみながら進んでいきましょう。

12 CONSTELLATIONS

しし座の天使

7月23日〜8月22日生まれ

王の威厳を備えるライオンのような、優れた精神力と強い意志力を授けてくれるしし座の天使は、どんなときも自信とプライドを忘れずに、毅然《きぜん》とした生き方をするあなたを応援してくれます。

逆境にもくじけることなく、情熱的に問題に立ち向かっていくあなたは、たくさんの注目を集めるでしょう。そして、注目を浴びれば浴びるほど、そのパワーはどんどん湧いてくるでしょう。どんなときも勇気をもって、かっこよく生きるあなたの姿は、素敵な指導者としてキラキラ輝くスターです。

12 CONSTELLATIONS

おとめ座の天使

8月23日〜9月22日生まれ

おとめ座は、こまやかな気配りと誠実さをもって、すべての物事を丁寧にこなす几《き》帳面《ちょうめん》さを、私たちにもたらします。

どんなときでも手抜きすることなく、女性的な繊細さや優しさで、完全燃焼していける気力と知力を与えてくれます。また、おとめ座は女神のような優雅さや、人生を楽しくする好奇心も大切にすることを教えています。

おとめ座の天使が、女性らしく魅力的に輝きながら、周囲の人に信頼され、着実に物事を達成していくパワーを運んできてくれるでしょう。

STARLIGHT

流星の天使

流星の速さで物事がダイナミックに変化するとき。新たな自分にシフトアップします。

12 CONSTELLATIONS

てんびん座の天使

9月23日〜10月23日生まれ

幸せをみんなと分かち合い、すべての存在が調和し合えるよう力を貸してくれるのが、てんびん座の天使です。選択に迷ったとき、周囲とのバランスをとりながら、最良の道を選んでいけるよう導いてくれます。

てんびん座の天使は陽気で明るく、美的なセンスも抜群。みんながハッピーになれるエネルギーを、たくさん送ってくれています。

トラブルやもめごとが起きたとき、てんびん座の天使にお願いすれば、誰もが笑顔になれる展開が訪れるようにとりはからってくれるでしょう。

12 CONSTELLATIONS

さそり座の天使

10月24日〜11月22日生まれ

神秘的なエネルギーをもつさそり座は、どんなときもうわべの出来事に左右されず、物事の本質を見抜けるよう、深い洞察力を与える星座です。また、強い情熱を燃やして、人生の目的に向かって進めるパワーをもたらします。

　ひとつのことに全力投球して理想を追求する生き方が、探究心たっぷりのさそり座の特徴です。そんな一《いち》途《ず》なあり方は、必ず大きな実りを結びます。頑固なほどの誠実さで理想を追い求める情熱を、さそり座の天使から授けてもらいましょう。

12 CONSTELLATIONS

いて座の天使

11月23日〜12月21日生まれ

いて座は、いつも挑戦を楽しみ、つぎつぎと夢をかなえられる幸運をもたらす星座。目標に向かって一直線に突き進む力強さに満ちた星座です。的に向かって放たれた矢のように、迷いなく願いをかなえていきます。

　冒険たっぷりの人生を楽しみながら、チャンスを最大に生かして、願いを現実のものとしていきましょう。

優れた判断力で迷いを振り払い、確実に目標を達成していけるよう、いて座の天使が助けてくれるでしょう。

LalaMari

STARLIGHT

Universal Harmony

天からもたらされる恩《おん》寵《ちょう》は尽きることがありません。無限の宇宙から、愛も光も豊かさも、たえることなく注がれてきます。私たちはただ、宇宙の愛と調和して、感謝とともに受け取ればいいのです。

あなたの中にも、無限に広がる宇宙があります。あなた自身が、限りない可能性に満ちた宇宙なのです。

平和な光に包まれて、永遠に、無限につづいていく宇宙のハーモニーに身をゆだねましょう。新たなインスピレーションが生まれ、眠っていたクリエイティビティが目を覚ますでしょう。

12 CONSTELLATIONS

やぎ座の天使

12月22日～1月19日生まれ

やぎ座は、けわしい岩場を一歩一歩登っていけるやぎのように、逆境をものともせず進んでいける粘り強さとパワーを与えてくれます。

　また、しっかり芯の通った生き方をし、真面目に努力し夢をかなえる堅実さをもたらします。

　つらいときや苦しいときにこそ、笑顔とユーモアが必要です。やぎ座の天使は、逆境でも楽しむことを忘れず、明るく進んでいける底力を与えてくれるでしょう。愛と情熱で苦難を乗り越えたあなたには、めざましい活躍の場が用意されています。

12 CONSTELLATIONS

みずがめ座の天使

1月20日〜2月18日生まれ

みずがめ座の天使は、新しい時代を生きる私たちのために、フレッシュなアイデアと自由なインスピレーションをもたらす叡智《えいち》の蜜を注いでくれます。

これからの地球は、枠にとらわれない新たな生き方ができる星になります。みずがめ座は、そんな素敵な時代のリーダーとなるためのガイドをくれる星座です。

みずがめから注がれる蜜は、誰とも争わず、すべての人が幸せになる知恵と判断力を授けてくれます。誰も敵がいない愛と喜びに満ちた素敵な時代、「無敵」な時代に向かって進んでいきましょう。

12 CONSTELLATIONS

うお座の天使

2月19日～3月20日生まれ

癒しと安らぎいっぱいのうお座から、あなたを包み込む優しいエネルギーが届いています。

慈しみ深いうお座の天使に抱かれて、疲れた心をそっと休め、自分をいたわってあげましょう。あなたの中にある豊かな創造性や芸術性が息を吹き返し、クリエイティブなパワーがどんどん湧き上がってくるでしょう。

生まれもった感性を磨けば磨くほど、さらに創造性を発揮して、あなたらしい表現をしていくことができます。夢いっぱいのあなたの表現は、多くの人を感動させ、癒していくでしょう。

Lala/Mariko

STARLIGHT

キラキラの中で

あなたは、キラキラ輝く星々の中から生まれ、祝福されて、この地球に降り立ちました。あなた自身が天からの使い、天使なのです。生まれもった光を、思いきりきらめかせましょう。たくさん愛し、たくさん笑って生きましょう。

この世にはいろいろな学びがあります。ときには笑顔になれないことも、立ち止まってしまうこともあるでしょう。

でもそんなときこそ、あなたが本来の輝きを思い出し、自分らしく生きられるよう、天使が助けてくれます。安心して、毎日を楽しみましょう。喜びの中で、あなたらしい人生を歩いていきましょう！

LaLa Mariko

エピローグ

起こることはすべて「祝福」です

天使を描きはじめて、16年が経《た》ちました。

天使から日々受け取っているたくさんの愛を、ひとりでも多くの方に伝えたいと願い、楽しみながら描きつづけるうちに、あっという間に時が過ぎたように思います。

これまで、たくさんの天使の絵が私のもとから旅立ち、絵を見てくださる多くの方々に、天使の愛を届けることができました。

また、このように本を通して、天使のもたらすバイブレーションを、全国の方たちに伝えることもできました。うれしさと感謝の思いでいっぱいです。

本を出版したり、個展を開いたりすると、「ご成功おめでとうございます」とおっしゃっていただくことがあります。

本当にありがたいことですが、じつは少し戸惑いもあるのです。なぜかというと、私は**物事に「成功」も「失敗」もない**と思っているからです。

では、なにがあるのかというと、それは「祝福」です。

なにかを成し遂げたから成功、うまくいかなかったから失敗……なのではありません。

すべての出来事が、天使からの祝福にほかならない。

私は、そう思っています。

本当の意味での「無敵」になろう

ときには、周囲から見たら失敗と思える出来事が起きるかもしれません。

でも、そこには必ず学びがあります。一つひとつがすべて、成長のプロセスです。だから、失敗に見えることも、じつは、祝福そのものなのです。

そんなふうに考えたら、**すべてのことが、未来を思い通りに変えてくれる楽しい出来事**に変わります。

「勝ち」も「負け」もなくなるので、誰かと自分を比較したり、戦ったりする必要もなくなります。「正しい」も「間違い」もなくなり、正義のために争う必要もなくなります。

敵がまったくいない、本当の意味で「無敵」の状態です。

それこそが、天使が望んでいる世界。一人ひとりが自分らしく光り輝いて、調和し、愛だけでつながる世界です。

天使が出会わせてくれたウエディングドレス

すべてが祝福だと天使が教えてくれる出来事が、いままでたくさんありました。最近の出来事をひとつだけご紹介します。

友人とふたりで参加者を募り、あるツアーを企画したときのことです。予定していた方たちがつぎつぎとキャンセルになり、出発前に参加者ゼロになってしまいました。

けれども私と友人は、**ツアーを取りやめたり、「ついてないな」とがっかりしたりすることはありませんでした。**

「それなら、ふたりでこのツアーを楽しもう！」と決めたのです。

どんなことが起きたとしても、**天使がそのときの自分にとって最**

高のものを与えてくれる。そう知っていたからです。

ツアー中は、不思議な偶然と楽しいハプニングつづき。

現地在住の友人ふたりを誘って、4人で知り合いのレストランに足を運んだときのことです。友人のひとりが、「隣のビルのウエディングドレスショップが移転するから、格安でドレスをゆずってもらえるよ」と誘ってくれたのです。

そこは偶然にも、私が前年に個展を開催したビルでした。そのときにショップのオーナーとも面識ができたので、私たちはさっそく予定を変えて、翌日ウエディングドレスを見にいきました。

既婚者の私が、花嫁としてドレスを着る機会はありません。でも、私は個展で白い衣装を着るので、いつかウエディングドレスも着てみたいなと思っていたのです。

店内には、海外でデザインされたという美しいドレスが、まだたくさん残っていました。**数十万円するものをかなりお安くゆずって**

いただけることになり、なんと3着も買うことができました。

このとき私は、こんなメッセージを受け取りました。

「私は宇宙と両思いなので宇宙と結婚します。そして、天使たちとともに、常に宇宙の流れに同調していきます！」

その後ドレスたちは、個展はもちろんのこと、バースデイパーティやイベントなどで活躍してくれています。

天使とつながって、「本当の自分」へ

ばくぜんと願っていることが、思わぬタイミングでかなう。こんな体験を、私は天使からたくさんプレゼントしてもらっています。

それは、けっして私が特別な存在だからではありません。

これまでお話ししてきたように、天使はすべての人に寄り添っています。もしいま、あなたが天使とつながることがむずかしいと感

じているのなら、それは、いつもそばにいるその存在に気づいていない。ただそれだけなのです。

どうぞ、この本を通して天使たちともっともっと仲よくなってください。天使と両思いになってください。

私がいままで、天使からのギフトをたくさん受け取れた理由を強いてあげるなら、つぎのようなことかもしれません。

私は天使が大好きで、どんなときも天使の導きを信じ、自分の直感やワクワクする気持ちにしたがって、行動しているから。

そしていつも、天使の愛をたくさんの人に伝えたいと思っているから。

天使に導かれ、自分自身の直感に正直に生きていけば、必ずベストな流れがやってきます。そして「本当の自分」になっていけます。

2008年の2月11日、自分の誕生日に、私は「エレマリア」とアーティスト名を改名しました。

それまで名乗っていた「ララマリコ」は、本名にちなんだ名前でしたが、誕生日だったその日、もう「私」という存在を表すのは、この名前ではないという直感を受け取ったのです。

それは、天啓ともいえるような強いインスピレーションでした。

エレマリアという名前は、過去の地球に存在したといわれるレムリア時代の「大聖エレマリア」という存在に由来しています。その名にはエル・レムリア（レムリアの光）という意味があり、大聖エレマリアはギリシャ神ゼウスの過去生といわれる存在です。

2007年の暮れごろから、私のもとに、大聖エレマリアのエネルギーが強くサポートにきていることを感じるようになっていました。そして、2008年の2月11日、私に降りてきたそのエネルギーを全身で受け取ったのです。

その体験は、言葉ではとても言い表せません。私は、自分のエネルギーがこれまでとまったく違っているのを感じました。

「もう私は、ララマリコではない」という感覚。「新しいエネルギーを表す、新しい名前に変えるしかない」という直感……。

画家として8年間使っていた名前には愛着があり、変えることには勇気がいりました。けれど、**そこに天使の導きがあることを確信し、ただただ流れに任せた**のです。

エレマリアという名前になった私は、ますます自由に、ますます楽しく絵を描き、人に会い、旅をして、いまに至っています。

私は、たまたま絵を描くことを通して、天使の愛を伝えています。でも、なにをやるかは関係ありません。

あなたが自分らしく生きて、愛を伝えようと意図してやることは、すべて天使に守られ、サポートされます。

ですから、安心して、あなたの好きなことを楽しんでやっていってください。いまあなたのやっていることを好きになって、喜びの中で毎日を過ごしてください。
天使はそんなあなたをいつでも応援しています。

最後になりますが、今作も多くの方々が関わってくださいました。
ありがとうございました。

今回もお世話になった編集の金子さんは、10年近く前から私の絵に注目し、本という形にしたいと思ってくださっていました。
この出会いも、そして本を通してのあなたとの出会いも天使の導きだと感じております。ありがとうございました。

エレマリア

書けばかなう！

「天使への手紙」

YOUR DREAMS COME TRUE

あなたの感性にあわせて自由にお使いください。

YOUR DREAMS COME TRUE

YOUR DREAMS COME TRUE

YOUR DREAMS COME TRUE

YOUR DREAMS COME TRUE

YOUR DREAMS COME TRUE

YOUR DREAMS COME TRUE

YOUR DREAMS COME TRUE

YOUR DREAMS COME TRUE

YOUR DREAMS COME TRUE

YOUR DREAMS COME TRUE

YOUR DREAMS COME TRUE

YOUR DREAMS COME TRUE

YOUR DREAMS COME TRUE

YOUR DREAMS COME TRUE

YOUR DREAMS COME TRUE

YOUR DREAMS COME TRUE

この本は、サンマーク文庫のために書きおろされました。

サンマーク文庫

見るだけで運がよくなる「天使の絵本」

2015年11月10日　初版印刷
2015年11月20日　初版発行

著者　エレマリア

発行人　植木宣隆
発行所　株式会社サンマーク出版
東京都新宿区高田馬場2-16-11
電話 03-5272-3166

フォーマットデザイン　重原 隆
本文DTP　朝日メディアインターナショナル株式会社
印刷・製本　共同印刷株式会社

ISBN978-4-7631-6068-3　C0130

ホームページ　http://www.sunmark.co.jp
携帯サイト　http://www.sunmark.jp

サンマーク文庫

好評既刊

インドへの旅が教えてくれた「ほんとうの自分」の見つけ方
石田久二
旅は人生の縮図。あなたに「生きる意味」と「宇宙の意図」を教えてくれる。実話を元にした、自分探しの物語。
600円

人生逆戻りツアー
泉ウタマロ
死後の世界は？ 魂のシステムとは？「見えない世界」が見えてくる、愛と笑いのエンターテインメント小説。
680円

日本史がおもしろくなる日本酒の話
上杉孝久
日本酒ブームの火つけ役による、歴史好きも酒好きも驚く65のエピソード。酒の肴に、飲み会のネタに。
680円

運のいい人は知っている「宇宙銀行」の使い方
植西聰
人を喜ばせることで「徳」を積み立て、満期になると人生が好転しはじめる「宇宙銀行」の仕組みを解説。
600円

見るだけで運がよくなる「聖なる絵本」
エレマリア
天使・妖精・ペガサス・ユニコーン……絵を見るだけで「聖なる存在たち」があなたと共鳴し、祝福します。
940円

※価格はいずれも本体価格です。